AUTOS RÁPIDOS/FAST CARS

LAMBORGHINI
LAMBORGHINI

por/by Randal C. Hill

Consultora de lectura/
Reading Consultant:
Barbara J. Fox
Reading Specialist
North Carolina State University

Consultor de contenidos/
Content Consultant:
James Elliott
Editor
Classic & Sports Car magazine

Mankato, Minnesota

Blazers is published by Capstone Press,
151 Good Counsel Drive, P.O. Box 669, Mankato, Minnesota 56002.
www.capstonepress.com

Library of Congress Cataloging-in-Publication Data
Hill, Randal C.
    [Lamborghini. Spanish & English]
    Lamborghini / por Randal C. Hill = Lamborghini / by Randal C. Hill.
    p. cm. — (Blazers. Autos rápidos = Blazers. Fast cars)
    English and Spanish.
    Includes index.
    ISBN-13: 978-1-4296-2381-0 (hardcover)
    ISBN-10: 1-4296-2381-0 (hardcover)
    1. Lamborghini automobile — Juvenile literature. I. Title. II. Series.
TL215.L33H5518 2009
629.222'2 — dc22   2008001393

Summary: Simple text and colorful photographs describe the history and models
    of the Lamborghini — in both English and Spanish.

Editorial Credits
Mandy Robbins, editor; Katy Kudela, bilingual editor; Strictly Spanish,
    translation services; Biner Design, designer; Bobbi J. Wyss, set designer;
    Jo Miller, photo researcher

Photo Credits
Alamy/Alvey & Towers Picture Library, 10–11; Transtock Inc./Martyn Goddard,
    14–15
AP/Wide World Photos/Keystone/Martial Trezzini, 25
Corbis/Car Culture, 13 (top), 16–17
Rex USA/Stewart Cook, 22–23
Ron Kimball Stock/Chia Wen, 28–29; Ron Kimball, 4–5, 6–7, 12, 13 (bottom),
    20–21, 24, 26–27
Shutterstock/Alexey Zarubin, cover
VL Communications, 8–9
ZUMA Press/Michael Tweed, 18–19

Essential content terms are **bold** and are defined at the bottom of the page
where they first appear.

1 2 3 4 5 6 13 12 11 10 09 08

TABLE OF CONTENTS

TABLA DE CONTENIDOS

THE ROAD ROCKET/ EL COHETE DE LA CARRETERA

A Lamborghini's engine revs as it whips along a country road. Like the charging bull on the hood ornament, its power is easy to see.

El motor de un Lamborghini acelera a medida que avanza por una carretera rural. Como el toro que embiste en el adorno del capó, es fácil apreciar su potencia.

The driver presses the pedal to the floor. The car leaps forward with a loud roar. In a flash, the shiny sports car thunders down the road.

El conductor presiona el pedal a fondo. El auto salta hacia adelante con un potente rugido. En un instante, el brillante auto deportivo avanza como un trueno por la carretera.

fast fact

Lamborghinis are so fast that in Italy they are used to take transplant organs to hospitals.

dato rápido

Los Lamborghinis son tan veloces que en Italia se usan para llevar los órganos destinados para transplantes a los hospitales.

Ferruccio Lamborghini/Ferruccio Lamborghini

THE NEED FOR SPEED/ LA NECESIDAD DE VELOCIDAD

Ferruccio Lamborghini grew up in a small Italian village. He worked on engines during World War II. After the war, he started building tractors.

Ferruccio Lamborghini creció en un pequeño pueblo italiano. Trabajó en motores durante la Segunda Guerra Mundial. Después de la guerra, comenzó a fabricar tractores.

Though his business was
tractors, Lamborghini's real love
was sports cars. By the early 1960s,
he had earned enough money to
buy a Ferrari.

Aunque su negocio eran
los tractores, el verdadero amor
de Lamborghini eran los autos
deportivos. A comienzos de 1960
había ganado suficiente dinero
para comprar un Ferrari.

Lamborghini tractor/Tractor Lamborghini

LAMBORGHINI TIMELINE/LÍNEA DEL TIEMPO DEL LAMBORGHINI

When Lamborghini's Ferrari had problems, he took it to the manufacturer. But instead of fixing the problem, the company's owner was rude to him.

Cuando el Ferrari de Lamborghini tuvo problemas, lo llevó al fabricante. Pero en lugar de solucionar el problema, el dueño de la compañía fue descortés con él.

The Espada is released./Se pone a la venta el Espada.

1968

1964

1966

The first Lamborghini, the 350 GT, is sold./ Se vende el primer Lamborghini, el 350 GT.

The Miura is introduced./ Se presenta el Miura.

Fed up with Ferrari, Lamborghini decided to build the finest sports cars in the world. His first production car, the 350 GT, went on sale in 1964.

Cansado de Ferrari, Lamborghini decide fabricar el mejor auto deportivo del mundo. Su primer auto para producción, el 350 GT, se puso a la venta en 1964.

The V10 Gallardo is released./
Se pone a la venta el Gallardo V10.

The Diablo is introduced./
Se presenta el Diablo.

1990

2003

1972

2002

The V12 Murciélago is sold./Se vende el Murciélago V12.

The Countach begins production./
Se comienza a fabricar el Countach.

CURRENT MODELS/ MODELOS ACTUALES

Every Lamborghini is built with **all-wheel drive**. The cars also have special racing tires, brakes, and suspension systems.

Todos los Lamborghinis se fabrican con **doble tracción**. Los autos también tienen llantas especiales, frenos y sistemas de suspensión de carrera.

all-wheel drive —
a system where power is sent
from the drive shaft to all
four wheels

doble tracción —
sistema en el cual la potencia
se envía desde el eje de
tracción a las cuatro ruedas

2005 Lamborghini Gallardo/
Lamborghini Gallardo 2005

The V10 Gallardo is Lamborghini's entry–level model. This car springs from 0 to 62 miles (100 km) per hour in just 4.2 seconds.

El Gallardo V10 es el modelo de nivel de entrada de Lamborghini. Este auto puede acelerar de 0 a 62 millas (100 km) por hora, en sólo 4.2 segundos.

2007 Lamborghini Murciélago LP640 Roadster/
Lamborghini Murciélago LP640 Roadster 2007

In 2002, the V12 Murciélago amazed the world with its style and speed. **Ceramic** brakes were added in 2006. They react more quickly than other brakes for better control.

En 2002, el Murciélago V12 asombró al mundo con su estilo y velocidad. En 2006 se agregaron los frenos de **cerámica**. Estos reaccionan más rápido que otros frenos, para tener mejor control del vehículo.

ceramic — describes a system of clay brakes that work better than standard brakes

(frenos de) cerámica — describe un sistema de frenos de arcilla que funcionan mejor que los frenos estándar

MURCIÉLAGO DIAGRAM/
DIAGRAMA DEL MURCIÉLAGO

**door mirror/
espejo retrovisor**

**high-intensity
headlamp/faro
delantero de
alta intensidad**

air intake / toma de aire

engine / motor

alloy wheel / rueda de aleación

SPECIAL FEATURES/ CARACTERÍSTICAS ESPECIALES

Each Lamborghini model has features that set it apart. The Gallardo Spyder has a folding top that is stored behind the engine area.

Cada modelo de Lamborghini posee características que lo distinguen. El Gallardo Spyder tiene una capota plegable que se guarda detrás del área del motor.

The Murciélago LP640 has a glass engine cover to show off its powerful motor. The Murciélago Roadster is nearly twice as wide as it is tall.

2006 Lamborghini Murciélago Roadster/
Lamborghini Murciélago Roadster 2006

El Murciélago LP640 posee
una cubierta de motor de vidrio
para exhibir su poderoso motor.
El Murciélago Roadster es casi dos
veces tan ancho como alto.

fast fact

Lamborghini is often called
the House of the Bull. Most
Lamborghinis are named after
famous Spanish fighting bulls.

dato rápido

Con frecuencia se lo llama a Lamborghini
la Casa del Toro. La mayoría de los
nombres de los Lamborghinis vienen de
famosos toros de lidia españoles.

LIVING LEGEND/ LEYENDA VIVIENTE

The newest Lamborghini **concept car** is a new take on the 1960s Miura. The design will have a 700-horsepower engine.

El último **prototipo** de Lamborghini es una nueva versión del Miura de los años 60. El diseño tendrá un motor de 700 caballos de fuerza.

1967 Lamborghini Miura/Lamborghini Miura 1967

concept car —
a vehicle built to show
off an idea

prototipo —
vehículo fabricado para
exhibir una idea

2006 Miura concept car/
Prototipo de Miura 2006

The future of Lamborghini is sure to be fast and exciting. Sports car lovers can expect bold moves from the House of the Bull.

Es seguro que el futuro de Lamborghini será veloz y apasionante. Los amantes de los autos deportivos pueden esperar movimientos audaces por parte de la Casa del Toro.

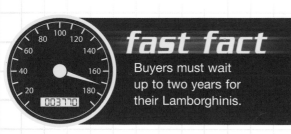

fast fact

Buyers must wait up to two years for their Lamborghinis.

dato rápido

Los compradores deben esperar hasta dos años, antes de recibir sus Lamborghinis.

GLOSSARY

all-wheel drive — a drive system where power is sent from the drive shaft to all four wheels

ceramic — having to do with objects made out of clay

concept car — a vehicle built to show off an idea

feature — an important part or quality of something

horsepower — a unit for measuring an engine's power

manufacturer — a person or company that makes a product

production car — a vehicle produced for mass-market sale

suspension — the system of springs and shock absorbers that cushions a car's up-and-down movements

INTERNET SITES

FactHound offers a safe, fun way to find Internet sites related to this book. All of the sites on FactHound have been researched by our staff.

Here's how:
1. Visit *www.facthound.com*
2. Choose your grade level.
3. Type in this book ID **1429623810** for age-appropriate sites. You may also browse subjects by clicking on letters, or by clicking on pictures and words.
4. Click on the **Fetch It** button.

FactHound will fetch the best sites for you!

GLOSARIO

el auto para producción — vehículo fabricado para la venta en el mercado masivo

el caballo de fuerza — unidad para medir la potencia del motor

la característica — parte o cualidad importante de algo

la cerámica — relacionado con objetos hechos con arcilla

la doble tracción — sistema de tracción en el cual la potencia se envía desde el eje de tracción a las cuatro ruedas

el fabricante — persona o compañía que hace un producto

el prototipo — vehículo fabricado para exhibir una idea

la suspensión — sistema de resortes y amortiguadores que protege o amortigua los movimientos ascendentes y descendentes de un auto

SITIOS DE INTERNET

FactHound te brinda una manera divertida y segura de encontrar sitios de Internet relacionados con este libro. Hemos investigado todos los sitios de FactHound. Es posible que algunos sitios no estén en español.

Se hace así:
1. Visita *www.facthound.com*
2. Elige tu grado escolar.
3. Introduce este código especial **1429623810** para ver sitios apropiados a tu edad, o usa una palabra relacionada con este libro para hacer una búsqueda general.
4. Haz un clic en el botón **Fetch It**.

¡FactHound buscará los mejores sitios para ti!

INDEX

ÍNDICE